AF589031

QUESTIONS

DU JEUNE DOCTEUR

RHUBARBINI DE PURGANDIS,

Adressées à Messieurs les DOCTEURS-REGENS, *de toutes les Facultés de Médecine de l'Univers, au sujet de M.* MESMER, *& du Magnétisme animal.*

A PADOUE,

Dans le Cabinet du DOCTEUR.

1784.

AVIS

Utile & Curieux de l'Éditeur.

J'AI l'honneur d'être l'intime ami de M. le Docteur *Rhubarbini de Purgandis* ou *à Purgandis* : (car il signe également des deux manieres) c'est en cette qualité d'ami que je fus chargé, par lui, de transcrire & mettre à la poste sa lettre circulaire à MM. les Docteurs-Régens des Facultés de médecine de toute la terre ; ce fut encore en qualité d'ami, qu'en transcrivant tout cela pour lui, j'en gardai une copie, d'abord pour moi, ensuite pour le Public, à qui je dois toute sorte de respect : aussi n'est-ce que pour lui marquer ma profonde déférence & sans aucune vue d'intérêt que je fais imprimer, selon l'usage, le manuscrit que M. le Docteur n'avoit confié qu'à mon amitié : voici comment j'ai raisonné.

Si cet écrit est bon, j'attirerai des louanges à M. le Docteur, & j'aurai fait l'action d'un agréable ami ; & si cet écrit ne vaut rien, je lui procurerai d'excellentes censures, & j'aurai fait l'office d'un utile ami :

ainſi, quant à moi éditeur, me voilà parfaitement juſtifié.

Quant à M. le Docteur, je dois pour le juſtifier auſſi, ou pour lui attirer la bienveillance publique, dire un mot de ſon caractere & même de ſa conduite : je ſuis aſſuré qu'il ne s'en fâchera point du tout, car il ſera le ſeul à ne pas s'y reconnoître.

M. le Docteur eſt un de ces hommes à imagination ardente, pour qui, au premier coup d'œil, tout eſt poſſible ; au ſecond, tout eſt vrai ; au troiſieme, tout eſt évident ; au quatrieme, tout eſt faux, ridicule & contradictoire. S'engouer & ſe dégoûter, croire & décroire : voilà ſa vie.

M. le Docteur n'a pas toujours été Médecin ; je l'ai vu, dès l'âge de quinze ans, débuter par la Théologie ; il s'y pouſſa d'une incroyable ardeur, & fit de merveilleux progrès. On le nommoit alors, je ne ſais pourquoi, M. *Brouillardini de Brouillandis*. Tout le monde a ſu dans le temps, qu'il devint la conſolation de ſes maîtres & la terreur de ſes condiſciples : il avoit univerſellement la réputation de pouſſer un argument avec autant de ſubtilité qu'il aſſenoit un coup de poing avec roideur ; & mêlant ces deux manieres de raiſonner, il y avoit bien peu de diſputes dont il ne vînt à bout à ſon honneur.

Cependant ſa gloire ne laiſſoit pas de lui coûter de temps en temps quelque petite choſe ; & les grandes queſtions de Théologie lui avoient preſque toutes imprimé quelque marque honorable : il s'étoit fait pocher un œil pour une maniere fort claire d'expliquer la *Trinité* : une autre explication non moins claire du Myſtere de la *Tranſſubſtantiation* lui attira de la part d'un de ſes condiſciples théologiens, qui ne concevoit pas tout-à-fait bien la choſe, un argument accompagné d'un geſte qui lui caſſa deux dents : il eſt avéré que le jeune Docteur, à l'âge de dix-huit ans, avoit inventé un ſyſtême fort ingénieux ſur la réſurrection des morts, & la maniere de les placer commodément, fuſſent-ils dix fois davantage, dans une ſeule vallée, fût-elle encore plus petite : mais un jour qu'il développoit ſon ſyſtême à un eſprit un peu épais ; ce lourdaud repouſſa ſi mal-adroitement une des hypotheſes du jeune théologien, qu'il trébucha & ſe caſſa une jambe; il boîte depuis ce temps ; & , ſelon toute apparence, c'eſt ainſi qu'il ſe rendra à la vallée de Joſaphat.

Dégoûté de ſa propre gloire, M. le Docteur ſe livra à l'impétuoſité de ſon caractere ; & ſans attendre les grands bénéfices de la Théologie, dont il n'avoit goûté que quelques douceurs paſſageres, après avoir préalablement changé ſon nom en celui de *Rhubarbini de Purgandis*, il prit le parti de la Médecine : on lui vit alors déployer la même ardeur, le même talent que dans la Théologie ; auſſi il obtint les mêmes ſuccès : devenu le champion redoutable de la ſanté temporelle des hommes, comme il avoit été celui de leur ſalut éternel & ſpirituel, ſa ſcience & ſon courage épouvanterent ſes maîtres.

C'eſt un fait très-poſitif, & dont on pourra fournir les preuves, qu'à l'âge de vingt-quatre ans, ſix mois & quelques jours, M. *Rhubarbini* avoit déjà ſoutenu toutes ſes theſes, qu'il ſavoit poſitivement & préciſément comment on fait digérer un eſtomac qui ne veut pas faire ſa beſogne tout ſeul ; il ſavoit délayer les humeurs gluantes, engluer les humeurs aqueuſes, reſſerrer des canaux inviſibles, mais viſiblement relâchés, & déſobſtruer des canaux non moins inviſibles & ſenſiblement engorgés : il ſavoit guérir la vérole en inſinuant du mercure dans un homme comme dans un tube de barometre : il ſavoit guérir la fievre, en tannant la peau de l'eſtomac avec la poudre de quinquina ; comme certains ouvriers tannent le cuir avec la pouſſiere de chêne : il ſavoit exciter telle penſée, par tel aliment ; telle paſſion, par telle liqueur ; il avoit coutume de dire avec le ſavant Abbé Trublet, que le vin eſt propre à l'imagination & le café au jugement ; que les hommes n'étoient des ſots & des fous, que pour manger & boire mal-à-propos. Il ſavoit.... Enfin que ne ſavoit-il pas ? Lorſque MESMER & ſon Magnétiſme arriverent dans ce pays de la Mode : l'un & l'autre en devinrent une ; la médecine en pâlit, & les Médecins s'alarmerent : mais, qui pourroit exprimer l'ardeur & la colere de notre jeune Docteur contre cette indigne nouveauté ? Ce ne fut qu'en ſe refroidiſſant un peu, qu'il fut en état d'écrire ces queſtions aux Docteurs-Régens des Facultés de médecine des deux hémiſpheres ; & même quand ils les écrivit, le doute ſembloit s'être déjà inſinué dans ſon ame ; ſon eſprit étoit une mer agitée.

A peine il avoit achevé ces queſtions, que nous vîmes paroître dans le monde, comme le ſoleil ſur l'horiſon, le rapport de MM. les Commiſſaires nommés par le Roi pour l'examen du Magnétiſme animal; je me ſouviens très-bien que je dévorai ce rapport avec le jeune Docteur, & nous ne pouvions revenir de notre étonnement, en liſant & reliſant ce jugement, où, par je ne ſais quelle fatalité, des hommes nommés pour chercher & pour voir, ſemblent, d'un bout à l'autre, éviter de chercher & trembler de voir.

Je diſois à M. *Rhubarbini* : « Mais, mon » cher Docteur, ces MM. les Commiſſaires, qui ſont tous des Médecins ou des » Académiciens, ſont-ils bien aſſurés que » l'intérêt de Corps, les engagemens pris » avec eux-mêmes, avec leurs collegues, » la honte d'y manquer, les murmures, » les reproches, la laſſitude, & le dé» goût d'étudier conſtamment un ſujet » étranger, qui ne doit rapporter d'autre » honneur que celui d'être juſte; le regret » & le dépit d'abandonner pour ce ſujet » d'autres études qui promettent de la » gloire; cet eſprit général de légéreté qui » entraîne tout en France, comme un » tourbillon; ſont-ils donc bien ſûrs que » tant de conſidérations particulieres qui

» naiſſent en foule de leur profeſſion, de » leurs habitudes, des préjugés de leur » eſprit, & de l'eſprit même de leur nation, » n'aient point influé du tout ſur leur juge- » ment ? Ont-ils bien ſondé, en jugeant » leur ennemi, toutes les routes de leur » cœur, ces routes qui ont des pentes ſi » inſenſibles & ſi douces, où l'eſprit ſe » laiſſe gliſſer ſi mollement ! Et ſi ces MM. » les Commiſſaires s'étoient trompés; (car » enfin, cette ſuppoſition peut-être admiſe » à toute rigueur) ſi cette grande relation » entre les êtres exiſtoit telle à-peu-près » que l'annonce cet étranger; s'il étoit vrai » que la ſanté des hommes & l'ordre phy- » ſique & moral en dépendiſſent; ſi cet » étranger parvenoit un jour à le montrer » à l'Europe; dites-moi dans quel lieu ces » Meſſieurs fuiroient la riſée des nations: » leurs Écoles, leurs Académies leur ſe- » roient-elles un aſyle ?

» On traite, diſois-je encore, d'inſenſé » celui qui met ſa fortune ſur une carte; » que penſer de ces MM. les Commiſſai- » res, qui, ſur les feuilles bien légeres de » leur rapport, expoſent cent fois plus que » leur fortune; puiſqu'ils compromettent » la gloire de leur vie : que leur coûtoit-

» il de ne rien publier & d'attendre ? Vous » qui ſavez tout, mon cher Docteur, » de grace, apprenez-moi pourquoi les » hommes en général, & les Médecins » en particulier, ne veulent jamais atten» dre : la nature en formant l'homme » a-t-elle voulu qu'il fût eſſentiellement » un animal *agiſſant*, & non pas *expec*» *tant*. »

Alors le jeune Docteur, ſelon la regle des converſations inſtructives, répondant à ſon idée & non pas à la mienne, s'écria : *Mais, mon ami, ſongez donc à M. Franklin, à M. Bailli, à M. Lavoiſier, à M. le Roi* : « Mais, mon cher Docteur, lui » répliquai-je, ſongez vous-meme à l'Apo» calypſe de *Newton*, aux tourbillons de » *Deſcartes*, aux monades de *Leibnitz*, » aux molécules organiques de *Buffon*, à » l'égalité des eſprits par *Helvetius*, aux » viſions de *Jean-Jacques*, &c. Songez » donc que tout grand homme ſommeille » & digere ; & que dans ces deux opéra» tions où il ne penſe pas, il peut très-bien » ſigner ſon nom ſans y penſer : ſongez en» fin, que pour faire commettre une grande » ſottiſe au plus grand homme, il ne faut » que la patience d'épier le moment où il

» eſt un petit homme, & que ce moment » arrive dix fois par jour : ſi vous en dou- » tez, demandez-le plutôt à MM. les » grands hommes eux-mêmes, & ils ſeront » les premiers à convenir du fait. »

A ces mots, M. *Rhubarbini* me regarda, ſoupira, puis baiſſa la tête, & rêva enſuite ; il ſe leva tout-à-coup, & marchant à grands pas, après quelques tours dans l'appartement, il frappa furieuſement du poing ſur une table, en s'écriant... Non ! cela ne ſera point ; & ces drôles-là ne l'emporteront jamais : nous ſommes trop puiſſants en œuvres & en paroles... Il ſe tut, ſortit bruſquement & alla ſe mettre au lit ; car ce Magnétiſme l'avoit dès long-temps frappé au cœur, & le rapport de MM. les Commiſſaires l'acheva : cependant M. *Rhubarbini* s'en relevera : il m'a défendu, au nom de l'amitié, d'appeller aucun de ſes confreres.

Ami lecteur, je me pique de connoître un peu le cœur humain, & je vais gager que ce jeune Docteur, ſi entêté, ſi difficile à ferrer, ſera avant trente ans d'ici, doux comme un agneau : qu'il finira par abdiquer la Médecine comme la Théologie.

Il n'aura pas plulôt tué quatre ou cinq

cents malades, qu'il dira avec Salomon :

Vanitas vanitatum, & Medecinæ vanitas.

Alors il ſe renfermera modeſtement dans ſa famille & avec ſes amis, ſe moquant doucement & ſecrétement avec eux des erreurs humaines ; ne diſputant plus ſur rien, & doutant de tout, même des rapports des Commiſſaires nommés par le Roi: ce qui eſt pourtant un peu fort.

QUESTION.

QUESTIONS

DU JEUNE DOCTEUR

RHUBARBINI DE PURGANDIS,

Adreſſées aux Illuſtres DOCTEURS - RÉGENS, *de toutes les Facultés de Médecine de l'Univers, au ſujet du Magnétiſme animal.*

LE Seigneur Zapata que toute l'Europe a connu, né dans le Château de Ferney, & devenu licencié de l'Univerſité de Salamanque ; s'étant donné la licence de préſenter ſes très-humbles Queſtions à la *junta* des Docteurs, je penſe qu'à plus forte raiſon je puis & je dois ſoumettre les miennes aux très - Vénérables Docteurs - Régens des Facultés de médecine, qui veillent au ſalut du genre humain, *per totam terram.*

La premiere choſe à faire, Docteurs-Régens, c'eſt de vous apprendre qui je ſuis, & je vais vous le dire au plus juſte.

Après avoir fait ſemblant aſſez long - temps d'écouter des hommes comme vous, qui m'enſeignoient publiquement je ne ſais quoi, en grande robe & en latin, dans une ville où tout le monde ne parloit que François & ne portoit que des habits courts ; après avoir moi-même essayé quatre ou cinq fois de parler aussi latin en public, & en grande robe, sur le même je ne sais quoi ; après avoir payé en beaux deniers comptans (remarquez sur-tout ceci, Vénérables Docteurs-Régens) les frais d'inscription, examen, these, réception, gratification & autres selon l'usage, j'ai été jugé digne d'être associé à vos immortelles Facultés : *dignus intrare*. En un mot, une douzaine de vos Illustres Confreres m'a concédé la totalité de cette puissance divine *purgandi*, *saignandi*, *clisterisandi & occidendi impunè per totan terram :* puissance qui vous a fait autrefois tant de jaloux, & qui fait maintenant tant de révoltés.

O ! Messieurs les Docteurs-Régens : quoi qu'il m'en puisse arriver, graces immortelles vous soient rendues pour ce rare bienfait ! je ne regrette point du tout mon argent ; mais je voudrois bien le regagner ; eh ! comment le puis-je, si je n'obtiens la confiance des hommes ? Eh ! comment l'obtiendrai-je, si je ne sais ni ce que je dis, ni ce que je fais ? Je vous l'avoue du fond du cœur, très-Vénérables Régens, je ne m'attendois pas à trouver ma condition si dure, & les hommes si dérouillés & si alertes sur l'intérêt de leur santé ; j'ai bien peur que vous ne m'ayez trop promis.

Ce n'est pas, intrépides Docteurs, que j'aie la foiblesse, depuis que j'ai endossé votre courageuse robe, de craindre les malades : que le Ciel m'en préserve ! Non, c'est une maxime gravée dans mon ame

Manet alta mente repostum

que c'est aux malades à trembler devant le Médecin, & non pas au Médecin à trembler devant le malade.

Je me suis bien dit, & je me répete tous les matins, que les malades sont de bien bonnes gens, ne pensant point à mal, ayant la crainte & l'amour des Médecins plus que celui de Dieu même, ou plutôt voyant un Dieu dans leur Médecin : je sais qu'on peut leur dire impunément des sottises, leur faire avaler des poisons, & les enterrer tout vivans sans qu'ils osent souffler.

Mais ceux que je crains, Vénérables Docteurs, sont cette nation de demi-malades, quart de malades, & sur-tout ce peuple de gens sains & bien portans, gens sans foi, sans loi, sans honneur, & conservant encore avec insolence leur tête & leur raison en face même d'un Docteur de la Faculté ; d'un Docteur qui réunit en sa personne la moitié du pouvoir des Rois : j'entends le pouvoir de vie & de mort.

Souffrez donc, ô Docteurs-Régens, que je répande aujourd'hui mes allarmes dans votre sein paternel, & que j'y puise à grands sceaux des conseils utiles.

O heureux & trois fois heureux le tems où les hommes ne savoient ni *A*, ni, *B*, où le sang ne circuloit pas, où l'inoculation étoit un péché, & la Médecine un oracle : ce tems n'est plus, Vénérables Docteurs, vous l'avez vu, & moi je ne le verrai jamais, vous avez sucé la moëlle ; il ne nous reste plus à ronger qu'un os bien décharné.

Vous le savez trop, un étranger arrivé du fond de la Germanie, est venu sapper par les fondemens toute croyance, & toute médecine :

le misérable ! on peut lui appliquer les paroles que l'Ecriture dit de l'impie : *dixit in corde suo, non est Deus*, & MESMER (car tel est son nom) a dit dans son cœur pervers : *non est Medicus*, *il n'y a point de Médecins.*

Mais c'est peu de le dire : le scélerat l'a presque persuadé, une foule d'esprits est déjà infectée de son abominable hérésie ; que dis-je, *hérésie*, de son exécrable athéisme.

Maintenant, Messieurs les Docteurs-Régens, *macte animo*; il faut s'évertuer, étouffer ce monstre naissant, & le combattre *pugnis & calcibus*, *unguibus & rostro*, des pieds & des mains, de bec & d'ongles.

J'y suis obligé par devoir, & résolu par inclination, mais le courage ne suffit point, il faut des armes & des forces, & je viens, en qualité de soldat de la milice médicale, vous demander armes & forces.

Confiez-vous en moi, respectables collegues ; la nature m'a favorisé de ses dons jusqu'au prodige ; elle m'a donné un front d'airain & une poitrine de fer ; jugez avec cette avance combien il sera facile de me rendre invulnérable à toutes les raisons.

Cependant, *précaution est mere de sûreté*, & je vais à bon compte exposer à mes maîtres mes projets, ou plutôt mes questions sur mes projets d'attaque & de défense.

QUESTION

Sur la maniere de prouver l'existence de la Médecine.

JE me suis d'abord fort occupé, Docteurs excellens, de la méthode à suivre pour confondre les athées en médecine, les gens assez abandonnés de Dieu pour nier l'existence de *la science de guérir* : & je vais vous dire tout ce qui m'a passé par la tête : vous arrêterez mes idées.

J'avois d'abord conçu le projet de prouver l'existence de la médecine, comme l'illustre M. de Maupertuis a prouvé l'existence de Dieu, par une équation algébrique savoir : $\frac{a + b}{d} = X$ Mais j'ai réfléchi depuis que nos ennemis pouvant m'opposer une autre équation, comme $\frac{c + e}{f} = Z$ il faudroit nous faire juger par l'Académie des Sciences, qui n'en auroit jamais le loisir.

Au défaut de la méthode de Maupertuis j'aurois bien pu, à mon avis, adopter celle du Révérend Docteur Clarke, & prouver l'existence de la médecine, *à priori*, d'une maniere aussi satisfaisante qu'il a prouvé, *à priori*, l'existence d'un Dieu ; j'aurois dit comme lui : l'idée d'un Médecin renferme l'idée d'un être nécessaire, l'idée d'un être nécessaire renferme l'idée d'existence, donc il existe des Médecins, donc il existe une Médecine.

Mais, je vous l'avoue, j'aurois peur que mes Adversaires, au lieu de *l'être nécessaire*, ne s'obstinassent à voir dans *le Médecin* l'idée de l'être superflu & même dangereux ; je laisserai donc toute cette métaphysique : on commence tout & l'on ne finit rien avec elle : je ferai beaucoup mieux de m'en tenir à la preuve de l'existence de la Médecine, *à posteriori*, & je ne manquerai pas d'inviter MM. les Apothicaires à me dévoiler leurs raisons. Je me flatte, Docteurs-Régens, que nos ennemis ne soutiendront pas en face cette espece de preuve.

QUESTION SUBSIDIAIRE

Sur la nécessité, dans une affaire qui semble de pure raison, de dire toujours quelques injures.

TOUT bien considéré, Docteurs très-prudens, je me suis apperçu que les meilleures raisons sont toujours les injures, ou du moins c'est par-là qu'il faut commencer toute dispute : rien ne met si bien la bonne logique en haleine : c'est pourquoi, je pense qu'il est convenable, dès le début de cette grande querelle où MESMER nous a engagés, de crier par-tout, & notamment dans l'oreille des jeunes femmes & des vieux malades, que ce MESMER est un imposteur, un ignorant, enfin un *Charlatan*.

Ce mot de *Charlatan* est admirable : c'est un cri d'alarme ; & quand un Médecin de Paris le prononce un peu haut, vous pouvez compter qu'il est aussi-tôt répété comme par échos depuis la Capitale jusqu'au dernier Village : il n'est

Médecin, Chirurgien, Barbier, Apothicaire, Grimaud, Cuiſtre qui ne s'empreſſe de redire : MESMER *eſt un Charlatan :* cela fait un bruit du diable, & en général un très-bel effet.

QUESTION

Si l'on ne pourroit pas nous rétorquer l'accuſation de Charlatanerie.

CEPENDANT, il faut tout prévoir, ſages Docteurs : ſi quelqu'un me demande ce que j'entends par un *Charlatan*, je ne puis me diſpenſer de répondre, qu'un *Charlatan* eſt celui qui *explique ce qu'il ne ſait pas, & promet ce qu'il ne fait point.*

Mais, illuſtres confreres, pardonnez mes alarmes : n'eſt-il pas à craindre que quelqu'indiſcret n'applique incontinent cette définition aux Médecins mêmes, & ne me demande compte de ce qu'ils expliquent ſans le ſavoir & promettent ſans le faire ? & je vous confeſſe mon embarras à me tirer delà : Docteurs-Régens, ſauvez moi de cette importune queſtion.

QUESTION

S'il ne nous eſt pas permis de nier les faits qui ne nous conviennent pas, ſans prendre la peine de les vérifier.

VOus ne devez pas douter un moment que je ne m'époumone à crier que tous les faits publiés par MESMER & conſorts, tant pour lui que contre nous, ſont faux comme le menſonge même.

Mais, Docteurs véridiques, vous ſentez bien qu'on va me demander ſi j'ai vérifié ces faits par mes propres yeux.

Je répondrai, ſoyez-en bien ſûrs, avec toute la dignité convenable, qu'il ſeroit bien indécent à un Membre d'une Faculté de Médecine, d'aller aſſiſter en perſonne à des tours de gibbeciere.

Mais, je vous le prédis, cette réponſe ne contentera pas : on me ſoutiendra qu'il convient à un Médecin, comme à tout autre, d'être curieux & ſage, curieux par la nouveauté des choſes que MESMER annonçoit, & ſage par le doute ſuivi de l'examen.

Docteurs très-clairvoyans, ne pourrois-je pas impoſer ſilence à ces raiſonneurs importuns, en leur diſant qu'un Médecin n'eſt point curieux & ſage à la maniere des autres? que toute ſa curioſité eſt de voir ſes propres malades, & que ſa ſageſſe eſt de les avoir vu & revu : car c'eſt une grande ſageſſe de faire beaucoup de viſites.

QUESTION

Sur quelques menſonges à haſarder.

J'AI beaucoup rêvé ſages Docteurs, ſi je ne ſoutiendrois pas que ce MESMER nous avoit malicieuſement écarté de ſes baquets, & de toutes ſes opérations Magnétiques.

Mais, toute réflexion faite, je crains que ce menſonge ne ſoit pas ſoutenable. Ces gens tenans baquets nous accableront de preuves contraires : permettez-moi, Docteurs-Régens, de vous demander ſi vous n'approuveriez point que dans cette détreſſe nous rejettaſſions un peu toute la faute ſur MM. les Académiciens, car enfin c'eſt leur *incurioſité* qui a forcé la nôtre ; comment pouvions nous nous montrer plus curieux que des ſavans qui ſont des curieux de profeſſion ?

Si l'on me réplique que la curioſité des Académiciens eſt raſſaſiée de ſyſtêmes, de découvertes nouvelles ou renouvellées, & que dans la fatigue de digérer & ruminer tout cela, il n'eſt pas étonnant qu'ils s'endorment ſur leur fauteuil, ne pourrois-je pas répondre à mon tour, que nous auſſi, nous avons des découvertes & des ſyſtêmes par-deſſus nos oreilles, & que nous n'avons pas moins beſoin de dormir en repos pour en faire une digeſtion louable ?

Je meurs de peur, très-conſéquens Docteurs, que ces raiſons ne contentent pas les délicats, & qu'ils ne perſiſtent à ſoutenir, qu'avant de rien nier notre premier devoir étoit de voir, revoir, toucher & retoucher.

Faites-moi la grace, Docteurs judicieux, de m'apprendre si dans le cas où les adversaires de la Médecine me serreroient de trop près, il ne me seroit pas permis de les repousser du geste au défaut de la parole; je sais bien que le geste, ou l'action de la main appartient en propre à la Chirurgie; mais je sais aussi que dans un cas urgent un Médecin réunit les deux Arts, & qu'il est, comme on dit, au poil & à la plume.

QUESTION

Si l'on ne doit pas traiter de mal honnêtes gens ceux qui ne sont point de notre avis.

JE ne veux point m'instruire à demi : après l'aveu que je ferai de n'avoir ni dû ni voulu vérifier le Magnétisme de MESMER autour de ses baquets & par moi-même; un disputeur un peu inquiet me dira sans doute : puisque vous niez le Magnétisme sans l'avoir examiné par vous-même, sans doute les témoins qui l'attestent sont tous gens qui vous sont bien connus pour suspects.

A cette question, Docteurs-Régens, mon embarras sera au comble : je dois vous confesser entre nous que je connois plusieurs de ces témoins, qui toujours m'ont paru gens d'honneur, de bonne foi & de mérite; je rougirois jusques au blanc des yeux s'il me falloit dire le contraire; mais enfin *opportet pro patria mori ;* & s'il le faut abſolument je mentirai, je dirai qu'ils ſont dupes ou fripons, & même tous les deux enſemble.

C'eſt à vous, Docteurs pénétrans à me réſoudre ce cas de conſcience; mais je vous avoue ingénument que je deſirerois paſſionnément qu'il me fût permis de les reconnoître pour honnêtes gens dans tous les cas, excepté celui de Magnétiſme.

QUESTION

Si je parlerai des choſes que je n'entends pas, & par occaſion du ſoleil, de la lune & des planetes.

RESPECTABLES Docteurs, croyez-vous que cette maniere de faire à l'égard des témoins, contente les gens ſenſés? Ne trouveront-ils pas étrange que nous exigions pour le Magnétiſme dix fois plus de preuves que les Magiſtrats n'en demandent pour faire pendre & rouer un citoyen? Cela leur paroîtra exhorbitant & il ſe récrieront.

Je vous entends d'ici, Docteurs profonds, vous me criez de montrer à ces eſprits revêches, la différence entre un délit qui eſt tout-à-fait dans l'ordre de la nature, & les faits du Magnétiſme MESMERIEN, qui ſont abominablement contraires à l'harmonie de l'univers : & vous m'ordonnez de ſoutenir qu'une choſe naturelle n'a pas besoin de beaucoup de preuves, tandis que la chose surnaturelle n'en a jamais assez.

Si vous le voulez, sages Regens, je le dirai; mais je tremble de me jeter dans un terrible défilé; ces disputeurs, que Dieu confonde, serreront la mesure en me demandant ceque j'entends par *l'ordre de la nature* & *l'harmonie de l'univers.*

La question est belle sans doute, & j'y pourrois briller beaucoup; mais comme ils m'interromproient, à coup sûr, si je parlois long-tems de suite, j'aime mieux leur répondre ainsi.

« Depuis quatre ou cinq mille ans, plus ou » moins, des hommes de génie, placés sur tous » les points de la surface du globe, observent » ce qui se passe au-dessus, au-dessous & autour » d'eux. De tous ces faits, mêlés de quelques » autres idées, nous avons formé un enchaîne- » ment de causes & d'effets qui embrasse toutes » choses, ou peu s'en faut : voilà ce que nous » appellons *l'ordre de la nature :* & certes, ajou- » terai-je en renflant la voix, & élevant la tête, » il n'y a gueres d'apparence que cet ouvrage » puisse être détruit par un homme qui du fond » de la *Souabe* est arrivé hier par le Coche pour » bouleverser le soleil, les planetes & tout le » reste. »

Ne ferai-je pas très-prudemment, Docteurs très-prudens, de mêler dans tout cela l'intérêt du soleil & des planetes? Nous savons bien, vous & moi, que si jamais ce MESMER n'avoit voulu toucher qu'à ces bagatelles là, nous l'aurions laissé tranquille; & que dans l'ordre public, c'est aux planetes à se garder elles-mêmes; mais il a touché à l'homme & à l'homme malade qui eſt à nous, qui eſt notre domaine, notre bien propre depuis quatre mille ans; comment ſupporter ce vol, cet attentat?

Mais il eſt bon de cacher ces ſortes de vérités délicates aux yeux du groſſier vulgaire; il y verroit de l'intérêt, & Dieu le ſait! quoi qu'il en ſoit, je crois, ſauf reſpect, que nous ne ſaurions trop jeter les planetes à la tête des MESMERIENS, pour les écarter de la Médecine.

Mais revenons à *l'ordre de la nature.* O mes confreres! ô mes maîtres! la tête, je le ſens d'avance, me tournera dans ce poſte ſublime, jamais je ne pourrai reſter ferme ſur ma définition de *l'ordre de la nature* : j'aimerois autant me tenir en équilibre ſur la pointe d'un clocher: le moindre ſouffle me fera dégringoler du haut en bas, avec ma chaîne de cauſes & d'effets dans les mains.

Faut-il vous le confeſſer, Docteurs clairvoyans, jamais, non jamais je n'ai vu bien clair dans l'ordre de la nature en général. Je ne connois pas même cet ordre dans la machine humaine: vous m'avez montré & ouvert des cadavres; j'ai été long-temps infecté & épouvanté de votre admirable ſcience; mais, à ma honte, j'ai vu des cadavres, & je ne connois point l'homme vivant : vous m'avez fait toucher les principales roues de l'horloge, & j'ignore comment cet horloge ſe monte, continue, ſe détraque, ſe rétablit de lui-même, & ſe briſe enfin entre vos doigts ou dans la main du temps; jamais vous n'avez pu ou voulu me faire voir & toucher le balancier ou le reſſort qui met en jeu tous ces rouages ; je vous le répete, Docteurs-Régens, ne connoissant point l'ordre de la nature, dans mon individu, tout petit qu'il est, quoiqu'enflé de votre robe, comment pourrois-je effrontément parler de cet ordre de la nature, pour l'univers entier ? Quand je dirai à un MESMERIEN qu'il en a menti dans l'ordre qu'il propose, ne me fera-t-il pas la même politesse, & ne serons-nous pas deux champions qui se battent avec des vessies, qu'ils prennent pour des lanternes ?

Par le divin Esculape, ou plutôt par Saint Côme, Docteurs inépuisables, je ne crois pas qu'il soit possible de fermer la bouche à nos ennemis par les choses que nous savons ; il vaut mieux les confondre par celles qu'ils ne savent pas ; & voici ce qu'à mon avis ils ne sauront jamais : je les défie, en effet, de jamais savoir au juste si leur Magnétisme Médecinal est un effet de l'imagination ou d'un autre agent hors de l'homme même : c'est-là que je pourrai, tout à mon aise, les accabler, les écraser, les pulvériser sous un tas énorme d'effets produits par l'imagination seule, & je leur dirai, avec insulte : *Insensez ! voilà votre agent :* que me répondront-ils ?

QUESTIONS ET CONVERSATIONS

Sur l'Imagination.

TANT que j'ai raisonné seul avec moi-même, j'ai triomphé de tous nos ennemis avec cet argument de l'imagination : mais je dois vous raconter l'aventure ſenſible qui m'arriva derniérement. Je ſortois de chez moi, j'avois déjà entendu un coup de tonnerre à ma gauche, & même j'avois vu voler des corbeaux : ces mauvais préſages ſe réaliſerent; je rencontrai face à face un de nos plus mortels ennemis, un fils de Bélial, un éleve de ce coquin d'Allemand.

Encore tout chaud de mon argument de l'imagination, & me rappellant auſſi fort heureuſement la vigoureuſe apoſtrophe que fit Ciceron à Catilina, qui avoit conjuré contre la République Romaine, je l'appliquai très-judicieuſement à ce conjurateur, cet ennemi de la Médecine, laquelle vaut mieux que toutes les Républiques enſemble : (car, pour le dire en paſſant, j'ai oui aſſurer à des politiques très-profonds, que de toutes les libertés, celle d'aller à la garde-robe; (liberté qui dépend ſi bien de nous, comme chacun ſait), eſt encore préférable à la liberté de toutes les Républiques.

Je criai donc à ce traître d'une voix de tonnerre : *Juſqu'à quand, hommes à baguettes, hommes à baquet, abuſerez-vous de la patience des Médecins & de la ſottiſe des malades ? Prétendez-vous long-temps encore jouer ſur la face de la terre votre infame comédie, troubler dans leurs anciennes fonctions le ſoleil & les planetes, & remplir toute la nature de vos preſtiges ?*

Cette apoſtrophe du grand genre, accompagnée d'un jonc de longueur que j'agitois en parlant avec une grace véhémente, étonna mon homme; & ce fut la frayeur, ſans doute, qui le fit ſourire doucement, en me demandant de lui expliquer plus préciſément ce que je lui voulois.

Quand je vis qu'il me répondoit avec modération, je pris un ton encore plus haut, & je lui dis : *Vous osez demander ce que nous vous voulons, comme si vous pouviez l'ignorer, Charlatans que vous êtes ? Nous voulons que vous cessiez de rappeller les temps honteux des porteurs de baguettes, depuis Pharaon jusqu'à Bleton ; les temps non moins honteux des Astrologues, Devins, Devineresses, Bohémiens, Bohémiennes ; les temps encore plus dangereux que honteux du fanatisme, des convulsionnaires. Nous voulons que vous cessiez de suspendre le cours de la bonne Médecine, de la Médecine purgeante, saignante & clistérisante ; & qu'à la place de ces remedes si réels, vous n'ayez plus l'audace de substituer des pures imaginations, pour qui vous inventez de beaux noms : ce que nous voulons enfin, c'est que vous ne soyez plus, & que nous soyons dans les siecles des siecles.*

Après un discours de cette force, eussiez vous cru, Docteurs-Régens, que ce mécréant eût eu bouche à parler ? Cependant il l'osa : & même avec un certain ton d'ironie secrete, qui augmenta sensiblement la rougeur de mes joues & la chaleur de mon front, il me répondit à-peu-près en ces termes : « A ce que je puis » comprendre, votre querelle, qui est une vraie » querelle d'Allemand, pourroit se réduire à » un seul point : c'est que nous prétendons guérir » les malades comme vous, & mieux que vous. » Je vois aussi que vous nous reprochez beau- » coup d'essayer de les guérir par la pure imagi- » tion ; mais quand tout cela seroit vrai, ce n'est » jamais le remede qu'il faut reprocher, mais » son effet. Pourvu que nous guérissions, qu'im-

» porte

» porte comment ? Vous & vos confreres prétendez nous confondre en nous citant les guérisons merveilleuses, opérées par la seule force de l'imagination : mais ne voyez-vous pas qu'en cela même vous faites votre satyre & notre éloge ? N'est-ce pas convenir au moins que nous avons su saisir heureusement l'un des moyens les plus efficaces d'agir sur l'économie animale ? Moyen que vous connoissiez parfaitement, puisque vous ne cessez d'en parler, & que pourtant vous n'employez jamais.

» Quoi ! Messieurs, il ne vous en coûteroit souvent pour guérir ou soulager vos semblables, vos freres, que de leur inspirer certaines idées, & vous aimez mieux les ruiner en leur faisant avaler vos poisons ; vous mettez à contribution les deux mondes pour déchirer leurs entrailles, incendier leur sang, renverser leur estomac, agiter enfin dans toutes ses parties la plus frêle des machines avec des drogues que vous leur faites acheter au prix de l'or & des diamans ; & c'est vous qui nous appellez *charlatans*, *imposteurs !* Mais, au nom du Ciel, que signifient donc ces mots là ? expliquez-nous leur sens, afin que dans les injures que vous voulez nous dire, nous cessions une fois d'entendre dans vos bouches toutes celles que nous vous prodiguons dans nos cœurs. »

J'allois l'interrompre chaudement, lorsqu'il dit lui-même avec une chaleur qui me refroidit un peu : « Mais, je me trompe, Monsieur, & » je fais réparation à vos meilleurs Médecins. »

Alors j'écoutai attentivement ſa rétractation ; & il continua ainſi : « Oui, Monſieur, je leur » fais réparation, car ils ont tous fait la Mé- » decine d'imagination par préférence à l'autre » Médecine : c'eſt la premiere qu'ils ont regardé » comme réelle, & c'eſt la ſeconde qu'ils ont » mépriſé comme imaginaire. Rappellez-vous » les pilules de mie de pain de Monſieur du » Moulin; rappellez-vous toutes les ordonnances » du Docteur Tronchin & de quelques-autres, » qui n'ont paru ſi ſages, que parce qu'ils ont » mieux aimé remonter la machine humaine par » ſes propres reſſorts, & même par celui de » l'imagination, qu'avec les inſtrumens meur- » triers de votre Médecine.

» Cependant, Monſieur, de quel droit, je » vous prie, regardez-vous notre Magnétiſme » comme une cauſe chimérique ? De quel droit » attribuez-vous tous ſes effets à la ſeule imagi- » nation ? »

De quel droit, juſte Ciel, lui répondis-je à l'inſtant ? *Mais vous qui me faites cette queſtion, vous ne ſavez donc pas lire, puiſque vous n'avez point lu les écrits où nous démontrons que de tout temps on a produit par l'imagination les palpitations, les convulſions, le ſommeil, la létargie, la douleur, la ceſſation de la douleur : enfin, tous les plus merveilleux effets de votre prétendu Magnétiſme ; & quand on eſt bien aſſuré d'une cauſe pour un certain effet, en doit-on chercher une ſeconde ? Répondez-moi.*

« Répondez-moi vous même, je vous prie, » me dit-il avec une audacieuſe confiance, « cette » maniere de raiſonner eſt-elle bonne, qui

» conclut du particulier au général ? De ce qu'un » Médecin eſt un ignorant & un entêté, pourra-t-» on conclure que tous les Médecins ſoient entê-» tés & ignorants ? »

Jugez, équitables Docteurs, ſi la meilleure des logiques, c'eſt-à-dire la logique de l'intérêt, me permettoit de ſouffrir cette conſéquence : auſſi je la repouſſai avec un cri d'indignation.

« Et pourquoi donc, répliqua le Magnétiſte, » de ce qu'un malade de MESMER ou de ſes » éleves a été un viſionnaire, voulez-vous con-» clure que tous ſont auſſi des viſionnaires ? Et » remarquez bien, ajouta-t-il tout de ſuite, la » différence extrême qui ſe trouve dans cette » comparaiſon, à l'avantage du Magnétiſme; » car de l'ignorance d'un homme dans une ſcience » telle que la Médecine, on peut ſouvent con-» clure l'ignorance de tous les autres, parce » qu'il eſt, en effet, très-difficile aux hommes » de bien poſſéder la ſcience la plus ſimple, à » plus forte raiſon la plus compliquée; mais, de » ce qu'un homme a une fauſſe ſenſation, on » ne doit jamais conclure que dans le même cas » les ſenſations de tous les autres ſont fauſſes : » car l'homme eſt un être organiſé de maniere » qu'il ſait très-bien ce qu'il ſent. »

Toutes ces ſubtilités de métaphyſique me brouillerent la tête, Docteurs plus ſubtils que moi; ſi bien que je laiſſai mon homme continuer ſans interruption, (faute capitale que je ne commets jamais dans la diſpute.) Il continua donc, & dit : « Cette maniere de rai-» ſonner n'eſt-elle pas déteſtable, qui conclut » d'un fait à d'autres faits entiérement différens ?

» Je suppose (ce qui est très-probable) que » quelques jeunes Médecins, frappés par la seule » action de l'imagination, éprouvent tout-à-» coup des convulsions, des palpitations auprès » d'une jeune & jolie malade; faudra-t-il con-» clure des faits de cet ordre là, que les Méde-» cins blanchis sous le harnois, vieux, impo-» tens, éprouvent infailliblement cette action » de l'imagination, & ces sortes de convulsions » quand ils approchent d'une malade tant soit » peu piquante? Quand vous leur verrez avan-» cer la main pour lui tâter le pouls ou pour » découvrir des obstructions dans la rate, dans » le foie, le bas-ventre; quand il fixeront leurs » yeux sur les siens; quand ils observeront atten-» tivement son visage, vous écrierez-vous: » voilà justement les convulsions d'un Médecin » de vingt-cinq ans: c'est ainsi que ses mains pal-» pent & que ses yeux regardent! »

O vénérables Docteurs-Régens, qui dès long-temps avez franchi cet âge orageux des convulsions! votre cœur, & que sais-je encore?.... Tout vous dit que la conséquence des sensations de la jeunesse à celles de la vieillesse, est une bien mauvaise conséquence: aussi ne pus-je jamais esquiver une vérité de cette évidence. Mon ennemi se prévalant de mon embarras, me dit aussi-tôt: « Quelle est donc votre justice, » Messieurs les Médecins? Quoi! après avoir » attribué à la seule imagination les convulsions » d'une jeune malade au baquet, vous voulez » conclure que tous les effets qu'éprouvent tôt » ou tard auprès de ce baquet, de vieux Mili-» taires, de vieux Magistrats, de vieux Abbés,

» & même des Révérends Peres Auguſtins, ſont » auſſi des effets de l'imagination, & du genre » des convulſions d'une jeune fille? Oh! celui-là » eſt trop fort! Vous expliquez tout ce qui ar- » rive d'heureux à vos malades par leur doci- » lité & votre ſcience; & tout ce qui arrive » d'heureux aux nôtres, vous l'expliquez par » leur folie & par notre impoſture: ainſi, vous » avez deux logiques; l'une pour vous, & l'autre » contre nous; & par un enchantement bien » commode, ce qui eſt un bouclier pour vous » défendre, devient auſſi-tôt une épée pour nous » attaquer. Eh! Meſſieurs, traitez-nous au moins » comme vos malades, & tuez-nous avec fran- » chiſe. »

J'allois repouſſer vigoureuſement cette ſortie du MESMERIEN, & le faire rentrer dans ſon Magnétiſme avec perte, mais l'enragé ne m'en laiſſa pas le temps, & pouſſant ſa pointe, il continua tout d'une haleine: « Comment trou- » vez-vous, » me dit-il en me regardant en face, » une maniere de raiſonner qui peut ſervir à » prouver le faux comme le vrai; or, c'eſt la » vôtre, Meſſieurs. » *Comment*, m'écriai-je en fureur; *c'eſt-là notre maniere de raiſonner?* « Oui, Meſſieurs, reprit-il, à l'aide de votre » argument de l'imagination, on prouvera qu'un » cliſtere ne cliſtériſe point & qu'une médecine » ne purge point: ne vous ſouvient-il pas du » petit conte que fait Montagne de cet homme » imaginaire, à qui la ſeule approche de la ca- » nule, à l'extrêmité du boyau appellé *rectum*, » faiſoit le même effet qu'un lavement donné » avec toutes les conditions requiſes: ailleurs,

» vous lirez que la ſeule idée d'avoir avalé une
» médecine a quelquefois purgé plus violemment
» que toutes vos prétendues Médecines : il n'eſt
» point enfin d'opération Médicale qu'on ne pût
» expliquer par l'imagination ; & tous les phé-
» nomenes phyſiques & moraux qui éclatent
» dans l'homme , peuvent preſque tous être
» ramenés à cette cauſe : or, je ſoutiens que
» ce qui explique tout , n'explique rien ; je
» ſoutiens que lorſqu'il s'agit de démêler ſi
» certains effets ont différentes cauſes, c'eſt
» une maniere de raiſonner déteſtable , de n'ar-
» gumenter que d'après les reſſemblances de ces
» effets, en évitant de conſidérer toutes leurs
» différences. »

Quand je vis, eſtimables Docteurs, que cette machine de l'imagination n'alloit à rien moins qu'à détruire la Médecine elle-même , il m'arriva la même choſe qu'à Arlequin lorſqu'il prend un piſtolet pour tuer Scapin : à force de conſidérer ſon piſtolet , il ſe met à trembler de toute ſa force par la frayeur qu'il ne le tue lui-même.

Pour moi, je friſſonnai des pieds à la tête; & l'imagination ne me parut plus qu'une arme à feu très-capable d'eſtropier même ceux qui la tire, en la chargeant trop fortement.

Cependant je diſſimulai, & raffermiſſant ma voix, je dis à ce réprouvé : mais, vous qui parlez de différences, pourriez-vous m'aſſigner quelques différences plauſibles entre les effets du Magnétiſme & ceux de la pure imagination ?
« Les plus grandes, répondit-il auſſi-tôt ſans
» héſiter. »

Ce n'eſt point ici, l'occaſion de vous rien diſſimuler, ſages Confreres; notre fortune eſt pareille : s'il y a du bien, ne faut-il pas vous en réjouir avec moi? & s'il y a du mal, ne devez-vous pas m'aider à le guérir? Je vais donc vous raconter mot à mot toutes les différences que ce MESMERIEN maudit m'aſſigna entre le Magnétiſme & l'imagination. Au reſte, ne vous alarmez point : car voici ce que je me ſuis dit pour me raſſurer : ſi cet homme raiſonne mal, nous le confondrons, & s'il raiſonne bien, nous le calomnierons : de quelque côté qu'il ſe tourne, il eſt perdu.

Ecoutez-le donc ſans trouble, Docteurs-Régens : c'eſt lui qui parle : « Si pour confondre votre argument de l'imagination, je vous propoſois de faire éprouver l'action du Magnétiſme à quelqu'un qui ne ſeroit point prévenu, je prévois que vous trouveriez encore vingt ſubterfuges pour vous ſauver de l'évidence : vous avez trouvé deux mots, *haſard & nature*, qui ſont deux portes bien larges & toujours ouvertes pour vous laiſſer eſquiver les faits les plus preſſans : en voyant une perſonne ſenſible au Magnétiſme dont elle éprouveroit l'action, même à ſon inſçu, vous ne manqueriez pas de ſoutenir que c'eſt un pur effet de la nature, du haſard & de l'imagination. Le haſard, diriez-vous, a voulu que dans ce moment même cette perſonne ſe figurât qu'elle étoit Magnétiſée; & la nature lui a donné une telle conſtitution, que la ſeule imagination d'être magnétiſée excite en elle des ſenſations très-vives.

» Si pour vaincre votre entêtement, j'offrois » de vous montrer des cures opérées après deux » ou trois mois de Magnétisme, & des cures » telles que l'imagination seule n'en opéra » jamais, vous m'objecteriez certainement que » ces effets sont trop éloignés de leur cause » prétendue ; qu'entre le Magnétisme & ces » cures il a pu se glisser vingt causes diffé- » rentes, comme la cessation des remedes, la » distraction, l'exercice, &c. Cette seule réponse » jeteroit notre dispute dans un Océan, où vous » plongeriez à votre aise quand je croirois pou- » voir vous saisir. Je ne vois donc de méthode » un peu efficace, que de vous montrer des dif- » férences sensibles entre les effets avérés de » l'imagination, & ceux qui paroissent suivre » immédiatement l'action du Magnétisme. Or, » ces différences me frappent de tous côtés : si je » considere ces effets simplement en eux-mêmes, » j'en trouve de très-grandes ; & quand je les » considere dans toutes leurs circonstances, j'en » trouve de plus grandes encore. »

A ces mots, je m'agitai, je secouai la tête, je ricanai, j'avançai la levre la plus dédaigneuse, & je donnai à tout mon visage l'air d'un démenti : mais sans paroître me regarder, il continua ainsi.......

Toute réflexion faite, je crois qu'il est à propos, Docteurs très-méthodiques, de vous exposer les mauvais raisonnemens du Mesmerien ; avec un peu plus d'ordre, afin que vous les confondiez vous-mêmes plus méthodiquement : où, si vous ne daignez pas les confondre (car il faut quelquefois savoir se respecter), du moins vous serez en état d'envisager les sophismes de nos ennemis avec plus de clarté & d'étendue, & par-là vous pourrez les mépriser davantage, ce qui est toujours un grand bien.

Au reste, je laisserai pour ce moment, parler cet hérétique tout à son aise & sans y mêler mes réflexions; mais je vous supplie de me rendre la justice de croire, qu'en vous transcrivant ses impertinents discours, il n'y a point de ligne où je ne lui aie distribué dans mon cœur vingt démentis, & tout autant de soufflets: fasse le Ciel que mes vœux prosperent. Après cet avertissement nécessaire, je vais lâcher la bride à mon homme.

OBJECTIONS

D'un MESMÉRIEN *sur quelques différences entre les effets de l'imagination & ceux du Magnétisme animal.*

PREMIERE DIFFÉRENCE.

LES phénomenes de l'imagination, n'affectent que les personnes même en qui l'imagination agit, au lieu que les phénomenes du Magnétisme embrassent évidemment des personnes en qui l'imagination n'agit point du tout: expliquons ceci par des exemples.

Vous me montrez une personne agitée par des mouvemens extraordinaires: voilà un phénomene dans un ſujet iſolé, & je n'oſerois nier que l'imagination, dont la puiſſance ne m'eſt pas entiérement connue, ne puiſſe produire de tels mouvemens dans la machine humaine.

Vous me dites d'écouter parler anglois & latin une femme qui ne ſait ni l'anglois ni le latin; vous l'imputez à la force de l'imagination, & je ne ſais que vous répondre : j'ignore en effet juſques à quel point l'ame a pu emmagaſiner dans des recoins de ſa mémoire, des mots anglois & latins, qu'elle a recueillis quelquefois & retenus ſans les comprendre; j'ignore encore juſques à quel point l'ame, dans l'état actif de l'imagination, peut tout-à-coup tirer tous ces mots étrangers du fond de ce magaſin où elle les avoit oubliés, & les employer d'une maniere qui ſemble tenir du prodige.

Vous croyez faire plus; vous me montrez huit ou dix perſonnes qui entrent en convulſion à la vue d'une autre perſonne en convulſion; tout cela eſt encore un phénomene dont je conçois la cauſe dans la ſeule imagination : dix perſonnes cédant chacune aux efforts de leur imagination, ne m'étonnent pas plus qu'une ſeule.

Mais, comment expliquer par l'imagination certains effets du Magnétiſme; par exemple, vous avez oui raconter un fait que vous auriez pu facilement vérifier par vous-mêmes; c'eſt que l'action du Magnétiſme animal plonge certains ſujets fort ſenſibles dans un aſſoupiſſement profond, dans une véritable *catalepſie*. A cet état, déjà fort étonnant, ſuccede un autre état qu'on ne peut gueres comparer qu'à celui de certains ſomnambules, leſquels exécutent en dormant les actions qui exigent dans les autres hommes toute l'attention d'un esprit éveillé. De même, ces personnes Magnétisées & parvenues à cet état de *somnambulisme*, les yeux parfaitement fermés & d'une maniere à éloigner tout soupçon, paroissent jouir d'une espece de vie intérieure plus active & plus complette que la vie même de leur veille : leurs sens semblent devenir plus parfaits, leur esprit plus pénétrant : mais voici le plus extraordinaire : faites approcher de ces sortes de somnambules une personne véritablement malade, & qui ait quelque partie du corps notablement viciée, alors, par une espece d'impulsion sympathique, ou peut-être antipathique, ces somnambules portent la main avec précision sur la partie malade ; & quand on les interroge sur un fait si singulier, ils vous répondent que cette partie leur fait éprouver une sensation nullement agréable, & qu'ils n'éprouvent point à l'approche des autres parties saines & bien vivantes. A-peu-près comme *Bleton*, placé sur une eau souterraine, est tout-à-coup agité d'une sensation particuliere, qui est pour lui comme l'effet d'un sixieme sens.

S'il étoit permis de hasarder quelque explication sur de tels phénomenes, ne pourroit-on pas conjecturer, que l'émanation continuelle de ce fluide, qui dans l'homme est l'agent de la vie & de la santé, se trouve entiérement interrompue ou considérablement altérée dans toutes les parties de notre corps, en qui la maladie a diminué la force & la vie ?

Sans doute aussi dans les personnes que le Magnétisme a réduites à l'état de *somnambulisme*, il se fait une circulation de ce fluide vital plus active, plus pénétrante qu'auparavant; & quand leur main rencontre des parties pour ainsi dire mortes, elle se retire avec la même répugnance qu'on éprouveroit en touchant un cadavre, après avoir touché des chairs pénétrées d'une chaleur douce & vivifiante.

Mais, quoi qu'il en soit de cette explication bonne ou mauvaise, le fait suffit pour marquer une différence ineffaçable entre le Magnétisme & l'imagination. Car si l'on dit que l'imagination agit sur ces *somnambules*, on ne dira point qu'elle agisse dans ces personnes dont ils indiquent le mal: ce mal & le siege qu'il occupe, sont des faits absolument étrangers à l'action du Magnétisme dans une autre personne; & ces faits ont sur-tout l'avantage de pouvoir être facilement avérés. Quel rapport, quel passage pourra-t-on assigner entre l'imagination de ce somnambule & le mal qu'il désignera chez dix personnes de sang froid.

QUESTION PASSAGERE

Du Jeune Docteur sur ce fait.

EXCUSEZ ma foiblesse, Docteurs courageux; mais je vous le confesse en passant, j'ai eu la curiosité de voir quelques-uns de ces somnambules; & sans faire semblant de rien, je les ai observés de toutes mes forces. O mes Illustres Confreres, quoique je nie ce fait, comme je le dois, & que j'affecte de m'en moquer devant tout le monde, je vous dois la vérité, à vous, parce qu'elle sera sans conséquence, & je vais répandre mon ame toute entiere à vos yeux : ce phénomene me confond, il me foudroie, & quand je le vis, j'aurois pu dire de MESMER :

Mon génie étonné tremble devant le ſien.

Témoin de ces faits accablans, le croiriez vous, j'allois être réduit peut-être à me taire, ſi je ne me fuſſe heureuſement ſauvé en criant aux *convulſionnaires*, aux *vampires*, aux *incubes*, aux *ſuccubes*, à l'*impoſture*, à la *charlatanerie*; & de ce pas, comme vous jugez bien, j'allai chez mes malades leur faire d'excellens contes ſur ce que j'appellois une mauvaiſe comédie, dont les Acteurs étoient fort bien payés par les Auteurs : mes malades m'ont cru ; (car le métier d'un malade eſt de croire) comme celui d'un Médecin eſt de faire croire) mais quant à moi, Docteurs magnanimes, j'emportai de ce ſpectacle, (combien l'homme eſt imbécille !) j'emportai & je conſervai long-temps dans le fond de mon ame la conviction & la terreur.

Au nom du Ciel, Docteurs ſubtils & profonds, au nom ſur-tout de la Médecine, fille du Ciel, du haut de vos inépuiſables bonnets, faites découler ſur moi, comme une roſée céleſte, quelques raiſons & explications que je puiſſe diſtribuer & faire goûter à d'autres que mes malades : voilà déjà pluſieurs mois que je ne ceſſe de tout nier au Magnétiſme ; j'en ſuis un peu las, & je voudrois bien que vous me miſſiez enfin en état de prouver quelque choſe.

Après cette priere que je vous fais en paſſant, & que vous exaucerez à votre loiſir, je reviens aux objections de ce MESMERIEN, que Dieu puniſſe.

AUTRES OBSERVATIONS

Du Mesmérien.

Après avoir observé le Magnétisme animal en lui-même, si je considere la cause à laquelle on le rapporte; les procédés de celui qui l'a inventé ou retrouvé; le caractere & le nombre de ceux qui en ont éprouvé les effets; les lumieres & le nombre aussi de ceux qui en ont appris la théorie, je ne puis plus rien voir de commun entre le Magnétisme & les impostures de l'imagination : & si tant de signes univoques sont trompeurs, je ne sais plus en vérité à quels caracteres certains on peut distinguer la vérité de l'erreur, & le sommeil de la veille même. Le plus entier pyrrhonisme devient la secte la plus raisonnable; & le philosophe de Moliere aura raison : désormais, il ne faudra plus dire aux Médecins : vous purgez & vous tuez vos malades; mais *il me semble que vous les purgez & que vous les tuez.*

Tous ces caracteres de vérité méritent un examen séparé.

SECONDE DIFFÉRENCE

De la cause à laquelle on rapporte le Magnétisme animal.

Lorsqu'au tombeau du Diacre Paris, ou dans le galetas d'un troupeau de convulsionnaires, un homme à manteau long (qui n'eſt pas la livrée de la vérité) m'annonce que Dieu, par une volonté particuliere, va changer l'ordre éternel & général des choſes, en agitant & diſloquant les membres d'un énergumene mâle ou femelle ; & le tout pour m'engager à convenir que les Jéſuites ſont des intrigans, (de quoi je conviendrois bien ſans cela) & que Janſénius étoit un grand homme : il eſt tout ſimple que je m'enfuie du galetas ou que j'y reſte pour rire.

Mais ſi un homme me diſoit ceci : « Dans » l'ordre général des choſes tout eſt lié, & il y a » une cauſe unique par qui tout eſt lié; cette cauſe » eſt un fluide particulier, dont l'action embraſſe » tous les effets de la nature, les plus ordinaires, » comme les moins communs ; je me flatte d'avoir » découvert l'exiſtence & l'action de ce fluide » dans pluſieurs phénomenes, leſquels ſembloient » auparavant très-extraordinaires, & dont je » vois maintenant la liaiſon avec les effets les « plus ſimples : » le langage de cet homme, ſans révolter ma raiſon, piqueroit bien vivement ma curioſité ; & ſi d'ailleurs il montroit du génie, ſi je ſavois que l'occupation de ſa vie entiere a été l'obſervation de la nature, je m'attacherois à ſes pas, je ne le quitterois plus que je ne fuſſe parfaitement éclairé ou détrompé; & ſi j'étois détrompé, je gémirois en perdant le doux eſpoir d'une grande curioſité ſatisfaite, comme un amant qui ne trouve point au rendez-vous une maîtreſſe adorée.

En un mot, la grande différence entre le Magnétiſme animal & la plupart des fourberies qui ont trompé la foible imagination des hommes, c'eſt que le Magnétiſme n'eſt, ſelon MESMER, qu'une explication plus ſimple des loix univerſelles ; au lieu que les fourbes ne ſe vantent que de la violation de ces loix en leur faveur.

TROISIEME DIFFÉRENCE.

Procédés de M. Mesmer.

Ce qui caractériſe ces procédés, c'eſt la franchiſe & la ſécurité : M. Mesmer ſeroit aſſurément le premier homme, qui voulant établir des faits viſiblement faux & purement imaginaires, eût appellé pour témoins ſes ennemis naturels & ſes ennemis les plus éclairés ; les Médecins & les Académiciens. A-t-on jamais oui dire que les Janſéniſtes aient appellé les Jéſuites de la Maiſon Profeſſe pour examiner les miracles de S. Paris ; ni que les Jéſuites aient invité Mrs. de Port-Royal à vérifier ſcrupuleuſement les prodiges opérés par Saint François Xavier : ces Meſſieurs n'ont-ils pas toujours tâché, d'inſtrumenter à huis clos, chacun dans leur tripot ; & peut-on ſe défendre de quelque confiance pour celui qui tient conſtamment toutes les portes ouvertes ?

QUATRIEME DIFFÉRENCE.

Caractere de ceux qui ont éprouvé l'action du Magnétiſme animal.

Les acteurs de ces ſpectacles, dont l'imagination eſt l'ame, ſont pour l'ordinaire des hommes de de quelque parti, intéressés ou séduits : en un mot, évidemment dupes, parce qu'ils sont sots ; ou fripons, parce qu'ils sont avides.

M. MESMER n'a pas été si délicat sur le choix de ses Confesseurs ou de ses Martyrs ; il a laissé l'accès du Magnétisme libre à tout le monde, sans acception de sexe, d'âge, de rang, d'opinion & de parti ; a vu qui a voulu voir, a expérimenté qui en a eu la patience : assurément ce procédé n'est pas trop celui d'un homme qui veut saisir les imaginations : quand on a ce dessein, il faut choisir ses spectateurs ; mais sur-tout il faut trier ses acteurs sur le volet ; les instruire longtemps de leur rôle ; lever ensuite le rideau au bon moment ; jouer chaudement, & baisser bien vîte la toile.

Mais dire qu'un étranger sans nom, sans appui, ait établi dans un siecle éclairé, & dans la ville la plus raffinée de l'Europe, un spectacle public d'illusions & d'impostures ; qu'avec cela, son premier soin ait été d'y appeller les hommes les plus intéressés à le démasquer ; que ce spectacle ait pourtant duré des années entieres ; que des personnes de tous les sexes, de tous les âges, de tous les rangs, nullement passionnées, & n'ayant d'autre intérêt qua la curiosité ou la santé ; soient venues essayer publiquement au Magnétisme leur sensation & leurs maux ; qu'ensuite toutes ces personnes se soient accordées pour se laisser duper ou pour duper les autres : soutenir tout cela bien sérieusement, bien vivement ; en faire une comparaison complette avec les convulsions enfantées par certain fanatisme de religion : en vérité, c'est bien là qu'il est permis de dire avec le bon Horace : *Risum teneatis amici.* Quand un Médecin vient avec ces assertions, battre les oreilles d'un homme de sang froid, qui s'est rendu mille fois un compte sincere de ses propres sensations ; que voulez-vous que cet homme pense & dise du Médecin ? il faut qu'il choisisse, ou de rougir de lui-même, comme d'une dupe imbécille, ou de faire rougir ce Médecin, qui usurpe la fonction de juge dans une affaire où il a le plus violent intérêt, comme partie.

QUATRIEME DIFFÉRENCE.

Appareil du Magnétisme animal.

On a parlé de l'appareil du Magnétisme animal, comme de la chose du monde la plus propre à saisir, à frapper, à exalter les imaginations ; l'Auteur du MESMER *justifié* a peint le baquet de ce pere du Magnétisme à Paris, à-peu-près comme le Temple de Vénus à Gnide, dans lequel Apollon Médecin seroit venu Magnétiser galamment la Déesse & sa Cour : ce petit ouvrage est plein d'esprit, mais de cet esprit qu'on pourroit comparer à certains boiteux qui dansent avec grace, quoiqu'ils penchent toujours d'un seul côté : j'aurois bien désiré que l'Auteur de cette brochure eût vu, pour son édification personnelle, quelques pauvres baquets de Provinces, sans décoration, sans musique, sans parure chez les malades; avec beaucoup d'incrédulité chez quelques-uns, & beaucoup plus encore d'ennui dans tous les autres : il n'y a point de machine éléctrique dont l'appareil ne ſoit vingt fois plus impoſant : j'aurois voulu que cet Auteur vît une moitié d'un baquet plaiſanter tout bas ſur le Magnétiſme, & l'autre moitié en bailler tout haut : cet homme d'eſprit n'ignore point aſſurément que rien ne diſſipe les illuſions de l'imagination auſſi efficacement que l'ennui & la plaiſanterie ; l'ennui aſſoupit l'imagination, & la plaiſanterie la tue.

Dans ces baquets ſubalternes, Meſſieurs les ennuyés, ſelon leur bonne coutume, ne parloient gueres ; mais on entendoit les plaiſans, bons ou mauvais, dire : « Voici de la Médecine Allemande : » elle eſt trop lente pour des François, elle ne » prendra pas, & l'on reviendra tôt ou tard » aux bonnes & anciennes Médecines qu'on avale » d'un ſeul trait, & qui expédient leur beſogne » dans une matinée, avec une petite douzaine » de tranchées : la Médecine, ajoutoient-ils, eſt » comme la Juſtice : la meilleure c'eſt la plus » prompte, comme la plus mauvaiſe eſt la plus » lente : il faut non-ſeulement ſe preſſer de vivre, » mais de mourir. »

Ces plaiſanteries, au reſte, en prouvant des imaginations fort calmes, exprimoient la vérité même : ſi le Magnétiſme animal périt, ce ne ſera point ſous les efforts des Médecins, mais par l'ennui que cette méthode cauſe, & la patience qu'elle exige : M. Mesmer n'obtiendra pas plus la patience de ſes malades François, que les bons Médecins n'obtiennent des leurs, la ſobriété & la tempérance.

CINQUIEME DIFFÉRENCE.

Ce qui trahit ſur-tout les fourbes qui ne veulent qu'abuſer de l'imagination des hommes, c'eſt le choix de leurs diſciples : ils ont toujours la prudence de les prendre ou bien ſots ou bien ruſés. Les ſots, il eſt vrai, prêchent fort mal, mais ils croient bien ; & ſi les ruſés croient mal, ils prêchent bien.

Il faut convenir que M. MESMER eſt un charlatan bien extraordinaire ; n'ayant rien de réel dans la tête, & tirant tout ce qu'il fait de la ſeule imagination de ceux qui le regardent, il propoſe effrontément de faire des éleves, & d'enſeigner ce qu'il appelle ſa *doctrine*, ſa *théorie* : ce n'eſt pas tout : il tient parole : il admet plus de deux cents éleves : & quels éleves ! des hommes au-deſſus de tout reproche pour l'intégrité & les lumieres : on trouve même parmi les noms de ces éleves, des noms qui honorent la France & l'Europe. Si cet homme, direz-vous, n'a rien de réel, ni même rien d'utile à enſeigner, il eſt fou..... Il eſt bien pis, ajouterai-je, il eſt ſorcier, & tout auſſi ſorcier que Circé, qui changea en bêtes les compagnons d'Uliſſe : car il faut abſolument que MESMER ait changé en oiſons environ deux cents perſonnages, dont nul ne ſe troqueroit contre le plus hupé des ſoldats d'Uliſſe. Aucun des éleves de MESMER ne l'a démenti en public comme il le devoit, avec un peu de bon ſens pour reconnoître l'impoſture, & de probité pour la démaſquer. Cet Allemand enfin, pour ſon coup d'eſſai, a hébété ou ſuborné les hommes les plus raffinés de Paris.

Voilà, ſans contredit, le premier des charlatans anciens & modernes; & j'avoue que j'admirerois cent fois plus le génie de MESMER à titre d'impoſteur, qu'à titre d'inventeur. Uniſſez Bacon, Deſcartes, Newton & Leibnitz, ditesleur d'inventer une ſottiſe, & gagez hardiment qu'ils ne la feront point avaler à ces deux cents perſonnes, auſſi doucement que MESMER leur a fait avaler la ſienne.

En un mot, j'en reviens-là; s'il me faut croire que dans le fait de M. MESMER, il n'y a que de l'impoſture, je n'en veux point faire à deux fois, & je croirai encore qu'il y a un peu de grimoire : j'en ſuis fâché pour mon ſiecle & pour lui; mais j'aime mieux me perſuader, qu'en trente années d'étude un Phyſicien eſt devenu ſorcier, que de croire deux cents hommes d'eſprit & d'honneur, devenus en un jour des dupes & des menteurs.

SUITE DES QUESTIONS

Du jeune Docteur

SI j'avois eu l'honneur de diſputer quelquefois avec vous, infaillibles Docteurs, vous jugeriez que ce diſcours du MESMERIEN, que j'ai tranſcrit d'une ſeule contexture, fut pourtant convenablement interrompu par moi, de toutes les manieres poſſibles : mon adverſaire en ſuoit à groſſes gouttes, & il faillit à n'achever jamais : Auſſi, je ne penſe pas qu'il ſe vante beaucoup de ſon triomphe ; & pendant qu'il me parloit, j'avois quelquefois tel ſouris, tel coup de tête ſi profondément dédaigneux, que j'ai cru voir mon homme interdit, pâlir & rougir tour-à-tour.

Cependant, Docteurs-Régens, puiſque nous ſommes entre nous, parlons ſans feinte : tout conſidéré, laiſſons là, croyez-moi, cette explication des effets du Magnétiſme par l'imagination ; abandonnons ce poſte, il n'eſt pas tenable : on nous forceroit à quelque capitulation honteuſe. Convenons bonnement que le Magnétiſme eſt un agent réel & différent de la ſeule imagination : la pilule eſt amere, je le ſais, je le ſens ; & c'eſt pour cela qu'il faut l'avaler ſans la mâcher : épargnons au moins les grimaces, & n'amuſons point les ſpectateurs à nos dépens : mon Dieu ! on n'a que trop ri depuis Moliere.....

Mais en même temps, illuſtres Confreres, promettons, jurons tous par les objets les plus ſacrés, par notre fortune & notre orgueil ; jurons que jamais, au grand jamais, nous n'avouerons que ce Magnétiſme ſoit utile : Ah ! c'eſt déjà trop qu'il ſoit réel !

Véridiques Docteurs, recevez-donc mon ſerment : je me hâte de le dépoſer le premier dans vos mains ! Oui, je jure par ces mains terribles, que je n'avouerai jamais duſſé-je en crever, la cure d'une piquure d'épingle par le moyen du Magnétiſme ; ils auront beau faire ; témoignages de vive voix ; atteſtations par écrit, je me fermerai les yeux, je me boucherai les oreilles, je ne verrai rien, n'entendrai rien; je ſerai pis que l'idole en Iſraël. Oui, Meſſieurs, un mort reſſuſciteroit en propre perſonne par la vertu du Magnétiſme, que je lui ſoutiendrois en face qu'il eſt plus mort que jamais : jugez de ce que je dirai à ceux qui ne ſont que guéris. Aſſurément, graves Docteurs, vous entendrez parler de moi; & moins j'aurai à dire, plus je parlerai.

QUESTION

Sur la récrimination du Magnétiſme contre la Médecine.

MAIS, ſur le point d'entrer dans ce combat, je ne m'en diſſimule point le danger : nos ennemis, invincibles Docteurs, ont des reſſources infinies : en vérité, je doute quelquefois d'y réſiſter : ſi par haſard ces MESMERIENS, embraſſent contre nous le parti ſi facile de la récrimination, dites-moi ce que nous deviendrons?

Quand je demanderai à l'un de ces gens là : *Qui avez-vous guéri avec votre Magnétiſ[me]* S'il me répond : *Et vous, Meſſieurs, qui g[ué]riſſez-vous avec votre médecine?* que lui ré[pli]querai-je pour le confondre?

Et ſi l'inſolent me demande à ſon tour : *Qui avons-nous tué avec le Magnétiſme?* De bonne foi, MM. les Docteurs-Régens, me conſeillez-vous d'haſarder la même queſtion, & de lui dire : *Et nous, qui avons-nous tué avec notre médecine?* ah, Docteurs vénérables! Ah, mes maîtres! je tombe à vos genoux; non, jamais je n'oserai tenter une si périlleuse question : justes dieux! quelle terrible réponse!... Pardonnez si je vous montre tant de foiblesse, après vous avoir promis tant de courage...... Pardonnez; mais la nature & la vérité l'emportent quelquefois encore dans un très-jeune Médecin.

Messieurs les Docteurs-Régens, je vous prie de vous remémorier que l'argument de la *récrimination* est terrible en matiere de religion : quand sur ce chapitre vous avez bien prouvé à votre adversaire qu'il est un sot, vous êtes tout ébahi de voir votre adverse partie vous prouver à son tour, que vous êtes tout aussi sot que lui. Respectables Confreres, la Médecine a beaucoup de rapport avec la religion : elle a ses dogmes & ses mysteres que personnes ne comprend : elle a sa foi que peu de gens aujourd'hui possedent : elle a ses Prophetes, ses Apôtres, & sur-tout ses Martyrs : aussi, daignez m'en croire, n'attaquons pas trop cette espece de religion nouvelle. Je ne sais, mais il me semble que le MESMERISME est à la Médecine, ce que la religion réformée fut au Papisme : ne l'irritons pas, laissons couler ce torrent; il ne faudroit, je vous le répete, que ce malheureux argument de la récrimination pour nous perdre : où nous cacherons-nous, dites-moi? si ces novateurs nous demandent, pour l'utilité de notre Médecine, les mêmes preuves que nous exigeons pour l'utilité de leur Magnétisme; ah, Messieurs! je ne me lasserai point de vous le redire, ne poussons point ces drôles-là jusqu'au désespoir: ils présenteront requête au genre humain : ils révéleront..... Mais, détournons la vue de ces affreux présages..... La providence a permis qu'un tremblement de terre inouit engloutît la Sicile ; elle est trop juste pour permettre encore que la Médecine soit engloutie dans les convulsions du Magnétisme. L'histoire du monde n'offriroit point d'exemple de deux désastres semblables & consécutifs.

Le proverbe dit : *qui prouve trop ne prouve rien* , & moi je dis : *qui nie tout laisse tout croire.* Croyez-moi vous-mêmes, Docteurs indubitables , ne nions pas tout absolument à ces furieux, usons d'une indulgence qui nous conciliera les esprits doux & équitables, accordons à nos ennemis quelques cures, non pas complettes , mais des portions, des fractions de cures..... Trouvez-vous que ce soit trop? Eh bien , disons hautement que ces cures (car enfin il y en a d'évidentes) ne sont, quelles qu'elles soient , que le pur ouvrage de la nature & non du Magnétisme : comment nous prouveront-ils le contraire ? Heureusement cette nature n'a point de voix pour nous démentir: ou du moins cette voix parle un langage que nous n'entendons plus:.... Oui, tenons-nous en là..... La nature fait tout: je sens bien que ce soufflet appliqué au Magnétisme, vient directement retomber sur la joue de la Médecine ; mais qu'importe, il est des occasions où il faut savoir périr avec son ennemi. Cependant , Docteurs-Régens, je veux vous proposer quelques réflexions sur cet invincible argument.

QUESTION

Sur cet argument, que la nature fait tout, & que le Magnétisme ne fait rien.

JE n'ai pas d'abord osé tout vous dire, illustres Confreres, car je tremble devant vous comme la feuille, quoique je sois votre Confrere, & d'ailleurs de fort bonne santé ; mais je m'enhardis en finissant à vous confesser que j'ai eu une seconde conversation, ou plutôt une seconde dispute avec ce MESMERIEN douçâtre, dont je vous ai déjà trop parlé ; & je vous confesse encore que je le cherchois avec une sorte d'empressement, pour le bourrer de cet argument de la nature. Parbleu, disois-je, si cet homme m'a nié le pouvoir de l'imagination, il n'osera pas me nier celui de la nature.

Je lui dis donc : *C'est la nature & non votre Magnétisme qui fait les cures dont vous vous vantez :* voici ce qu'il me répondit :

Si ce que vous dites est vrai, j'estime le Magnétisme plus que jamais : car si le Magnétisme est un art, je craindrois peut-être, tout simple qu'il est, que les mains des hommes ne le gâtassent, & qu'il ne fît beaucoup de mal : mais si le Magnétisme n'est qu'un moyen de laisser tout faire à la nature, il fera des biens infinis : & sur cela, ce MESMERIEN me fit une comparaison que je ne trouvai pas trop bonne : c'est pourquoi, Docteurs raisonnables, je vais vous la dire : il comparait donc les malades à des hommes qui, les yeux bandés, traversent un torrent fougueux, sur un pont étroit & tremblant; mais, ce qu'il y a de pis, ce pont est tout semé de petites fioles remplies d'une liqueur noirâtre, de tubes de métal, de petites boules grosses comme des pilules, & d'instrumens tranchans de toute espece. Quand ces pauvres aveugles mettent le pied sur quelqu'une de ses fioles qui se cassent, sur ces tubes, sur ces petites boules qui roulent, ou ces instrumens tranchans qni les blessent : il n'en faut pas davantage pour les faire trébucher, & ils tombent dans le torrent, où ils se noient infailliblement : ceux au contraire qui se traînent lentement & ont le bonheur où l'adresse d'écarter ou d'éviter ces fioles, ces tubes, ces petites boules, ces instrumens, enfin tous ses embarras, ne tombent point, traversent heureusement le pont, tout étroit & branlant qu'il est, & vont se rendre sur le rivage dans des bocages d'une verdure délicieuse.

Touché de ce spectacle, un homme compatissant pose enfin sur ce pont un garde-fou fort simple; au moyen de ce secours, les uns évitent plus sûrement ces corps étrangers qui sont autant de pieges, & ceux qui les heurtent peuvent encore se retenir au garde-fou.

Je n'ai pas besoin de vous expliquer, ajouta le MESMERIEN, que ce pont étroit & peu sûr, ne signifie autre chose que les maladies humaines, que ces pauvres aveugles qui sont obligés de le traverser, sont les malades : vous comprenez très-bien que le torrent où l'on se noie, c'eſt la mort; que les fioles, les tubes de métal, les pilules, les inſtrumens tranchans, ſont l'attirail de la Médecine, ſemé ſur la route entiere des malheureux aveugles; & je n'ai pas beſoin de vous dire que les bocages verds, placés ſur le rivage, ſignifient la ſanté; mais ce que je dois vous dire & vous faire remarquer, c'eſt qu'à mon avis, le Magnétiſme eſt juſtement le garde-fou qu'un homme prudent & compatiſſant a poſé ſur le pont. Là deſſus l'homme du baquet ajouta: le plus grand des Arts, Monſieur, ſeroit ſans contredit celui qui rendroit inutiles un très-grand nombre d'Arts: & ſi le Magnétiſme n'eſt pas une chimere, il produira cet heureux effet.

Docteurs ſalutaires, Jean-Jacques, ce fou ſi célebre, a-t-il jamais dit de plus inſigne ſottiſe? Je vous le confeſſe à ma très-grande honte: mais je n'ai que vingt-cinq ans, & lorſque mes oreilles ſont frappées par certains raiſonnemens qui m'étourdiſſent & m'embaraſſent la tête, alors, par un reflux des eſprits animaux (dont je vous parle ſans les connoître,) je ſens pétiller au bout de mes doigts & le long de mon bras cet argument du *geſte*, que je vous propoſois tantôt modeſtement d'employer dans les cas urgens: cet argument du *geſte*, Docteurs efficaces, n'eſt-il pas l'un de ces remedes que vous appellez *héroïques*? N'eſt-ce pas le vrai ſpécifique du doute?

Au reſte, je vous promets de n'employer ce topique violent que d'après une conſultation en bonne forme, ſignée de quatre d'entre vous; & je me ſouviendrai en attendant, de ce grand principe que j'ai appris dans vos écoles : *Que dans les corps vivants, l'action produit la réaction.*

Je me suis écarté de mon sujet, estimables Docteurs ; mais vous me le pardonnerez : il s'agissoit, s'il m'en souvient, des opérations de la nature ; & nous autres Médecins, nous sommes gens de l'Art, & du plus grand des Arts : Or, vous savez assez que l'Art & la Nature ne font pas bon ménage ensemble : aussi ne consentons-nous gueres à parler de cette nature sans nous en écarter le plutôt & le plus que nous pouvons : ainsi ma disgression est dans l'ordre.

Quoiqu'il en soit, le MESMERIEN, après sa sotte comparaison, me fit sur la nature, le Magnétisme & la Médecine un raisonnement qui m'embarrassa un peu ; mais vous, Docteurs pénétrants, vous le dissiperez comme le soleil dissipe un nuage : Qu'est-ce devant vous qu'un raisonnement ?

« Oui, Monsieur le Docteur, me dit notre » ennemi, j'estime la puissance de la nature » beaucoup plus sans doute que celle de votre » Médecine & du Magnétisme, en supposant » que le Magnétisme ne soit pas un simple pro- » cédé de la nature même ; mais s'il falloit ju- » ger entre les méthodes de l'industrie humaine ; » celle du Magnétisme a un avantage que la » Médecine n'aura presque jamais, celui de » reconnoître les cures qu'elle fait ; tandis » que vous autres Médecins ne pouvez gueres » reconnoître que les cures que vous ne faites » pas. »

A ce propos, Docteurs discrets, je lui dis qu'il en avoit menti, & il continua.... Il est vrai que je le dis assez bas pour qu'il ne l'entendît pas... « Vous murmurez, dit-il, & pourtant rien n'est plus vrai : un Médecin peut » bien s'assurer que c'est lui qui a tué, mais presque jamais que c'est lui qui a guéri : car enfin, » Messieurs, » (c'est toujours ce réprouvé qui parle, Sages-Docteurs, n'allez pas vous méprendre) « Vous vous vantez d'une Médecine, » que ne vous vantez-vous de cent Mé» decines ? Autant de Médecins, autant de » Médecines:Autant d'Artistes, autant d'Arts dif» férents : Vous ne trouverez pas un Médecin » de cinquante ans qui ne se soit fait à lui tout » seul une Médecine non-seulement différente, » mais souvent contraire à celle de tous les » autres ; quand vous dites à un Médecin : » Voilà un malade que la Médecine a visible» ment tué ; il vous répond : Oui, la Médecine » de mon confrere l'a tué, mais la mienne » l'auroit sauvé : en cas pareil interrogez le » confrere à son tour : il vous en dira tout » autant de la Médecine de son très-cher col» legue : & ce qu'il y a de vrai, c'est qu'à in» telligence égale, tous ces Médecins, avec des » Médecines si différentes, guérissent & tuent » à peu près également ; ou en laisseroient le » choix pour une épingle. Médecins anciens, » Médecins modernes, Médecins à purgation, » Médecins à saignées, Médecins à émétique, » Boerhaave ou Chirac, Dumoulin ou Fize, » calculez bien les listes mortuaires, & je suis » fort trompé si la différence vaut la peine d'en » parler.

Or, quand un homme ſenſé verra guérir la » même maladie en la traitant par deux métho- » des différentes, que conclura-t-il, je vous » prie? que ni l'une, ni l'autre n'a guéri, mais » ſeulement la bonne nature, dont la méthode » eſt par-tout & toujours la même.

» Le Magnétiſme a ce même avantage : ſa » méthode eſt uniforme & conſtante ; & s'il » fait peu, on peut du moins reconnoître plus » facilement le peu qu'il fait..... Vous ſecouez » la tête, » ajouta-t-il, (effectivement Docteurs inébranlables, je la ſecouois pour lui faire entendre qu'il ne ſavoit ce qu'il diſoit) « & » je vous entends déjà, quand un malade chez » qui la nature eſt défaillante ſera ſoulagé près » d'un baquet, vous me crierez : c'eſt la nature » qui a tout-à-coup repris ſes forces : je vous » répondrai : je l'accorde ; mais en voici deux, » en voici trois, quatre, dix, vingt de guéris » ou ſoulagés auprès de ce baquet ; ce qu'un » ſeul ne ſuffit point à prouver, pluſieurs ne » le prouvent - ils pas? La nature n'eſt après » tout, par rapport à l'homme, que ſon orga- » niſation même : cette nature a ſes regles & » ſa marche dans les maladies comme dans la » ſanté ; on connoît à peu près ſes époques de » force & de foibleſſe ; tantôt elle paroît lan- » guir, tantôt ſe réveiller ; mais cette marche, » ces périodes ne ſont pas du tout les mêmes » dans des tempéramens & des maladies diffé- » rentes : je ne concevrai donc jamais que dix, » vingt perſonnes d'âge & de tempérament, qui » ne ſont pas plus ſemblables que leurs maux, » ſoient préciſément ſoulagées preſque à la même

» époque, par le concours fortuit des efforts » heureux dans eux tous, de la ſeule nature.

» Il y a ſur-tout entre la Médecine & le » Magnétiſme, une différence que je vous prie » de remarquer, c'eſt que preſque tous vos mala» des éprouvent d'abord la médecine avant la » nature; & dans cet ordre d'expérience, les » hommes ont pu très-bien reconnoître l'im» puiſſance de votre art & la grande puiſſance » de la nature.

» Il n'en va pas ainſi pour le Magnétiſme: » comme il n'a gueres attiré juſques à préſent » que de très-anciens malades rebutés & dé» trompés des remedes, il eſt arrivé que la » plupart avoient déjà eſſayé le pouvoir de la » ſeule nature avant celui du Magnétiſme; & » de là vient que dans cet ordre contraire d'ex» périences, l'obſervateur a pu, dans pluſieurs » cas, diſcerner avec évidence l'inſuffiſance de » la nature & l'efficacité du Magnétiſme: car » enfin, quelle ſera la cauſe ſecrete du ſoulage» ment que ces malades vétérans éprouvent près » d'un baquet & ſous l'action du Magnétiſme? » Sera-ce donc cette nature qui n'avoit rien » voulu faire pour eux dans leur maiſon & dans » leur lit? Certes, ceci eſt très-ſingulier: quel » eſt donc l'attrait de ce baquet pour la nature » qui paroît ſi ſouvent ne vouloir opérer qu'au» près de lui? Dans ce cas, ajouta le MESMÉ» RIEN, il faudroit encore ſe ſoumettre à cet » inexplicable caprice, & conduire les malades » à nos baquets comme à une eſpece d'*Hôtel-* » *Dieu* de la nature. »

Ce n'étoit là, de la part du mécréant, qu'une

très-fade

très-fade plaisanterie, & je la méprisai comme je devois : mais je vous supplie, graves Docteurs, de ne pas trop mépriser, dans ce discours, plusieurs idées qui m'ont paru passer la plaisanterie ; & je me flatte que vous me fournirez, contre ces sortes de choses, de bonnes raisons ou de bonnes épigrammes : à parler franchement, j'aimerois mieux encore les épigrammes, même mauvaises, que les raisons même bonnes.

J'aurois encore, Docteurs intarissables, mille questions aussi curieuses qu'importantes à vous proposer. Mais je songe au prix que vous mettez à votre tems : ce tems qui n'est que du cuivre dans les mains vulgaires, devient de l'or dans les vôtres : je ne veux plus le prodiguer, & je cesse mes questions.....

O bonheur ! illustres Confreres, ô fortune ! ô événement imprévu & que je n'osois espérer ! je reçois à l'instant (pour mon argent) le rapport des Comissaires nommés par le Roi pour l'examen du Magnétisme animal, non pas chez M. MESMER, mais chez M. Deslon; & ces Commissaires sont presque tous Médecins, ou amis des Médecins ; *amicus Plato, amicus Aristoteles* (*), en tenant dans mes mains ce rapport, & l'élevant vers le ciel, je me suis écrié : *Que béni soit le Dieu qui t'envoie : que de peines épargnées, si je t'avois possédé plutôt : livre plus précieux que l'or & les diamans ! tu vas donc m'inonder de lumieres, & résoudre d'avance toutes mes questions : mes doutes vont disparoître devant toi, comme la fumée devant un orage : parlez, dignes représentans de la médecine,*

(*) Le reste de la citation est inutile.

de cette ancienne ſcience des Dieux : parlez, car votre ſeviteur vous écoute.

Ainſi j'ai lu, que dis-je? j'ai dévoré ce rapport: peu s'en eſt fallu que je n'aie fait cette lecture à genoux...... Eh bien ! Vénérables Docteurs...... Eh bien !....... Que vous dirai-je?....... O ſurpriſe!...... Mes chers Confreres, le croirez-vous? il faut, comme ſi de rien n'étoit, répondre à toutes mes queſtions.

Ce rapport eſt.... il eſt divin ſans doute, du moins c'eſt ainſi qu'il faut le dire à l'univers: mais, entre nous, ces Meſſieurs ont commis une grande faute en le divulguant: que vous en ſemble, Docteurs prévoyans? Ne valoit-il pas bien mieux le laiſſer dans un double étui comme les choſes ſacrées? Ah! que j'ai peur qu'il n'arrive à ce rapport divin la même choſe qu'à certaines écritures divines : quand tout le le monde les a lues, perſonne n'a plus voulu les croire : enfin Docteurs-Régens, me voilà plus irréſolu & plus queſtionneur que jamais : c'en eſt fait, je n'eſpere qu'en vous, ſoulagez cet état ſi pénible : une queſtion non réſolue eſt dans mon cerveau ce qu'un aliment indigeſte eſt dans mon eſtomac; je ſouffre cruellement juſques à ce qu'il ſoit digéré ou purgé; j'attends donc votre réponſe avec angoiſſe; elle ſera pour moi un excellent digeſtif ou un vrai purgatif. Par vous, mon jugement digérera mes doutes ou bien enfin j'en purgerai tout-à fait ma mémoire.

Je finis, Vénérables Docteurs-Régens, en vous diſant au nom du genre humain perſonnifié, ce que Ciceron diſoit à l'un de ſes amis qui n'étoit pas ſon Médecin : *Si benè vales, ego benè valeo.*

FIN.

www.ingramcontent.com/pod-product-compliance
Ingram Content Group UK Ltd.
Pitfield, Milton Keynes, MK11 3LW, UK
UKHW021649260726
13994UKWH00003B/1365

9 782329 363592